Peter Zillmann

Andachten
die Gutmenschen
nicht mögen

Predigtauszüge und
kleine theologische Überlegungen
aus verschiedenen Zeiten

Impressum

Bibliografische Information der Deutschen Nationalbibliothek:
Die Deutsche Nationalbibliothek verzeichnet diese Publikation in der Deutschen Nationalbibliografie; detaillierte bibliografische Daten sind im Internet über http://dnb.dnb.de abrufbar.

© 2020 Peter Zillmann

1. Auflage Januar 2020 Berlin, zillmann@onlinehome.de

Bildnachweis: Tiki Küstenmacher (26), P. Zillmann (23) (36)

Herstellung und Verlag: BoD – Books on Demand, Norderstedt

ISBN: 978-3-7504-1082-4

Lug und Trug S. 7

Salz und Frieden S. 10

Moral und Politik S. 12

Die German Angst S. 15

Von der Sprachverwirrung S. 18

Von der Freiheit eines Christen S. 21

Vom Gleichheitswahn S. 25

Das Böse überwinden S. 28

Vom Bischofsamt S. 31

Praktizierende Konsumenten S. 34

Deutsche Tugend S. 37

Weisheit und Erkenntnis S. 39

Gottes Wort S. 42

Von der Habgier S. 44

Tradition und Veränderung S. 48

Zeitenwechsel S. 52

Ratschläge für die Klimakirche S. 56

Von Gutmenschen und Pharisäern S.65

Lebensweisheiten S 68

Vorwort

Die hier ausgesuchten Andachten und Predigtausschnitte sind meistens aus der wörtlichen Rede aufgeschrieben. Sie entstanden auf dem Hintergrund wichtiger politischer Ereignisse der letzten 20 Jahre, wurden in Gottesdiensten vorgetragen, bereits in verschiedenen Medien veröffentlicht und regten in ihrem jeweiligen zeitlichen Kontext zu Diskussionen und Gesprächen an.

Klimawandel, Gleichheitswahn, Finanzkrise und Flüchtlingspolitik bilden in dieser Auswahl hier die Schwerpunkte, welche mit theologischer Reflexion beschrieben werden und im Ergebnis dem sogenannten Mainstream und der Politischen Korrektheit oft entgegenstehen.

Im Rückblick werden sie damit zur politischen Predigt im Wandel der Zeiten, welche ihre Aktualität aber nicht verloren hat und den Spruch bestätigt: Es gibt nichts Neues unter dieser Sonne.

Peter Zillmann,   Berlin im Januar 2020

Lug und Trug

"Ihr Herren, wie habt ihr das Eitle so lieb und die Lüge so gern!" (Psalm 4,3)   Februar 2017

Liebe Lesergemeinde, wenn kleine Kinder sich einen Freund suchen, dann hört man oft die Redewendung: *"Willst du mein Freund sein? Ich schenke dir auch einen Bonbon."* Vertrauen ist gut, aber Kontrolle ist besser. *"Zeig mir doch mal deinen Bonbon."*, kommt als skeptische Anfrage. Wenn dann alles seine Ordnung hat, kann die Freundschaft beginnen. Wenn nicht, dann gibt es auch schon mal handfesten Ärger.

Ich erinnere mich an meinen Geschichtslehrer. Er hatte nicht das Talent, in einer sechsten Klasse Ruhe reinzubringen. Der Unterricht war regelmäßig chaotisch. *"Jungs!"*, brüllte er, *"Wenn ihr jetzt mal stille seid, dann zeige ich euch nächste Woche auch einen Gladiator Film aus dem alten Rom."* Damals zeigten solche Versprechungen noch Wirkung. Es wurde schlagartig ruhig in der Klasse.

Diese Zeremonie wiederholte sich in der darauf folgenden Woche und in der Woche danach noch einmal. Irgendwann ging das Gerücht um, dass der Filmprojektor schon seit Monaten kaputt war und auch nicht mehr repariert werden konnte. Mit der Ruhe im Geschichtsunterricht war es vorbei. Leere Versprechungen sind also gefährlich, sowohl für den, der sie abgibt, als auch für den, der auf sie eingeht.

Manche Menschen sehnen sich jedoch nach Versprechungen, besonders nach solchen, bei denen jedermann weiß, dass sie niemals einzuhalten sind. Bei politischen Wahlen können wir das gut beobachten. Parteien, die Bonbons versprechen, werden gerne gewählt. Ihre Eitelkeit lässt sie sogar glauben, dass sie einen ganzen Sack voller Süßwaren haben. Die Leckereien können sie zwar nicht vorzeigen, aber das leere Bonbonpapier tut es auch - meinen sie.

Kleine Kinder sind da schlau. Ihre Sehnsucht nach Süßigkeiten prüfen sie an der Realität. Bei Erwachsenen scheint dieser Instinkt zu verkümmern und so spinnen sie sich in utopische Ideen der Weltverbesserer ein.

Von daher ist es nicht verwunderlich, dass alte Mauerbauer, Bankrotteure und Multikultifreaks wieder zur Macht streben. Hilft ihnen dabei das duftende Bonbonpapier nicht weiter, dann versuchen sie es beim geplagten Wähler mit Sozialneid und Missgunst. Wer vom Robin-Hood-Syndrom ergriffen ist, weiß, dass irgendwo immer etwas zu holen ist, was man als Rächer der Witwen, Waisen und Arbeitslosen zur Umverteilung anbieten kann. Sie haben darum gute Chancen gewählt zu werden. Und so wählt sich eben jedes Volk den Staat, den es verdient hat.

Wenn es dann am Ende nichts mehr umzuverteilen gibt, hilft meistens nur noch Mauer, Stacheldraht und Arbeitslager mit garantiertem Mindestlohn für alle. Im vorigen Jahrhundert hat das in Deutschland zweimal funktioniert. Das Ende ist jeweils schrecklich gewesen.

Am Anfang stand auch damals die Erkenntnis besorgter Menschen, wie sie die Bibel beschreibt: *"Ihr Herren, wie habt ihr das Eitle so lieb und die Lüge so gern!"* (Ps 4,3) *"Denn die Götzen reden Lüge, und die Wahrsager schauen Trug und erzählen nichtige Träume, und ihr Trösten ist nichts."* (Sach 10,2)

Solange wir noch eine Wahl haben, liebe Lesergemeinde, sollten wir sie auch verantwortlich nutzen.

Salz und Frieden

Jesus sagt: "Habt Salz in euch und haltet Frieden untereinander!" (Markus 9,50b) August 2016

Der Monatsspruch vom August ist interessant. Anderen Menschen klar die Meinung sagen und trotzdem gut mit ihnen auszukommen, ist eine große Kunst. Besonders zwischen verschiedenen Kulturen kann es da oft zu Missverständnissen und Streitereien kommen. Dabei kann der Frömmste nicht in Frieden leben, wenn es dem bösen Nachbarn nicht gefällt.

Während ich diese Zeilen schreibe, laufen in den Nachrichten die Berichte über die islamistischen Morde in Nizza, München, Würzburg, Reutlingen und Ansbach. *„Die Gewalt verlässt nun nach und nach das Reservat der Asylbewerberunterkünfte."*, lese ich in einem Kommentar.

Ein Blick auf die Webseiten unserer Landeskirche zeigt einen Gedenkgottesdienst für die Anschlagsopfer, dann ein Willkommensmagazin für Flüchtlinge und einen Werbespruch für das Reformationsjubiläum „500 Jahre – begabt leben, mutig verändern." Wie geht das zusammen in Anbetracht der Greul Szenen, die man ertragen muss?

Nun, der Islam war vor 500 Jahren auch schon ein Problem. In den Bekenntnisschriften der Reformation wurde damals allerdings klar formuliert, dass er als Ketzerei, Häresie und Irrglaube verworfen wird (siehe den 1. Artikel der Confessio Augustana). Auf dieses Bekenntnis sind alle protestantischen Christen auch heute verpflichtet.

Also wenn ich den Islam ablehne, dann muss i c h mich nicht dafür verantworten, sondern es hat sich d e r zu rechtfertigen, der mit dieser Religion ins mittelalterliche Kuschelbett steigen will. *„Habt Salz in euch und haltet Frieden untereinander!"* Das ist immer wieder eine schwere Aufgabe für jeden von uns.

Moral und Politik

"Gebt dem Kaiser, was dem Kaiser gehört, und Gott, was Gott gehört!" (Lukas 20,25)   Juni 2016

Liebe Lesergemeinde, ein altes Sprichwort sagt: *"Über Besuch freut man sich immer zweimal. Einmal wenn er kommt und einmal wenn er wieder geht."* Wenn man dieses Sprichwort auf Flüchtlinge anwendet, begeht man den Fehler, den heutzutage viele machen. Sie verwechseln Individualethik mit Sozialethik, sie vermischen Moral mit Politik.

Dazu ein Beispiel: Wer nur e i n e m Flüchtling hilft, übt sich in christlicher Nächstenliebe und ist ein guter Mensch.   Wer z w e i Flüchtlingen hilft, handelt oft aus politischer Berechnung und wird ein Kriegsgewinnler sein.   Aber wer dann d r e i Flüchtlingen hilft, den wird man früher oder später als Volksverräter bezeichnen. Quantität schlägt schnell in eine neue Qualität um, aus der anwachsenden Menge wird eine neue Eigenschaft. Das ist ganz logisch.

Nun w i l l aber nicht jeder bis drei zählen können. Um sein irrationales Tun zu rechtfertigen geschieht das eingangs Erwähnte. Moral und Politik werden unzulässig miteinander verquickt. Ethik und staatliches Handeln werden vermengt.

Das, was in zwischenmenschlichen Beziehungen seinen Wert hat, wird plötzlich mit Lug und Trug auf das Allgemeine übertragen. Liebe und Hass werden ins politische Spiel gebracht. Gute und Böse werden benannt, sogar Hell- und Dunkeldeutsche werden erfunden. Jeder Blödsinn wird jetzt moralisiert.

Das geht auf Dauer nicht gut. Die Gesellschaft wird gespalten. Die Nazikeule ist bereits zum Bumerang geworden und im Osten überzeugt die Staatspropaganda schon lange nicht mehr.

In dieser Situation besinnt man sich der Kirche. Um die Staatsräson und den inneren Frieden zu festigen, muss sie ihre alten Morallügen hervorkramen. Es werden mit dem Etikett der Christlichkeit die scheinheiligen Argumente überklebt. Politische Eliten und kirchliche Obrigkeiten ziehen jetzt an einem Strang. Thron und Altar bilden wieder eine Schicksalsgemeinschaft. Gemeinsam wollen Sie das Volk erziehen.

Liebe Lesergemeinde, lassen Sie sich nicht aufs Glatteis führen. Nächstenliebe bedeutet nicht automatisch Fernstenliebe. Jesus hat zum Beispiel dem einzelnen Kranken geholfen, aber es wird nicht erzählt, dass er je ein Krankenhaus errichtet hat. Jesus war kein Sozialarbeiter. Sein Reich ist nicht von dieser Welt, und Kirche ist nicht Sozialismus.

Zu der Frage, ob man den herrschenden Kaiser achten und mit Geld unterstützen sollte, sagte er ganz klar: *"Gebt dem Kaiser, was des Kaiser's ist und Gott was Gott ist."* Der Kaiser konnte ihm also gestohlen bleiben. Diese simple "Zwei-Reiche-Lehre" aus der Reformation dürfen wir nicht vergessen.

Denn es ist ein Unterschied, ob man selber einem Menschen hilft, oder ob man dazu von anderen gezwungen wird. Es ist ein Unterschied ob man selber einem Flüchtling Unterkunft gewährt, oder ob der Staat einem fremde Menschen ins Wohnzimmer setzt.

Staatliche Gewalt, ob sie nun gut oder schlecht gemeint ist, hat andere Maßstäbe als die individuelle Nächstenliebe. Deshalb ist die sogenannte Willkommenskultur auch keine christliche Pflicht, sondern höchstens eine politische Dummheit.

Die German Angst

"In der Welt habt ihr Angst; aber seid getrost, ich habe die Welt überwunden." (Johannes 16,33)
Oktober 2015

Es gibt deutsche Wörter, die in der ganzen Welt beliebt sind. Sie wurden deshalb in andere Sprachen übernommen. Dazu gehören nicht nur das Wort *"Kindergarten"* sondern auch die Wörter *"Gemütlichkeit"* und *"Blitzkrieg"*. Ein neuer Begriff ist die *"German Angst"*. Sie wird von anderen zunehmend als symptomatisch für die Befindlichkeit der Deutschen angesehen.

Nun kann man vor allem Möglichen Angst haben: Angst vor dem Waldsterben und dem Ozonloch, Angst vor Atomkraft und Klimawandel, Angst vor Kapitalisten oder bösen Nazis, ja selbst die Angst vor Genen, Chlorhühnchen und Ufos ist sehr beliebt und wird von vielen Mitmenschen ausgelebt. Angst ist schön. Man suhlt sich regelrecht in eigenen Schuldgefühlen und schreit nach Erlösung.

Diese *"German Angst"* trägt nicht nur kultische Züge, sondern sie ist mittlerweile wesentlich mehr: Sie ist zu einer Ersatzreligion geworden. Eine ganze Nation wird von den Priestern dieser neuen Religion in Knechtschaft gehalten. Diese *"German Angst"* ermöglicht es, die unsinnigsten politischen und wirtschaftlichen Entscheidungen durchzusetzen, die Steuer- und Abgabenschraube immer mehr anzuziehen und eine gigantische Umverteilungsindustrie in Gang zu halten.

Innerhalb der vielen Angstszenarien gibt es merkwürdigerweise eine Ausnahme. Und das ist der Islam! Vor dem Islam darf man keine Angst haben. Solch eine Angst ist Tabu. Auch wenn Millionen neue Einwanderer die Islamisierung in unserem Land weiter vorantreiben, wird kein Gutmensch und Willkommensfanatiker an diesem Tabu rütteln wollen.

Nun mag man solch eine Haltung bei Staatsvertretern noch als politische Taktik begreifen, aber bei manchen Kirchenvertretern ist es schleierhaft, was mit dieser Tabuisierung erreicht werden soll. Hier wird ein Synkretismus, eine religiöse Gemeinschaft zwischen Islam und Christentum beschworen, die es bisher nie gegeben hat und die gefährlich wird.

Eins ist natürlich gewiss: ob bei anstehenden Problemen unsere Ängste begründet oder nicht begründet sind, bemerkt man oft erst spät. Mal wird der eine Recht haben und mal der andere. Hinterher ist man klüger. Hinterher weiß man mehr.

Angst ist jedenfalls kein guter Ratgeber. Angst wird sich immer neue Götzen schaffen und darum spricht Jesus auch dieses befreiende Wort zu seinen Freunden: *"In der Welt habt ihr Angst, aber seid getrost, ich habe die Welt überwunden. Ich habe zu euch geredet, auf dass ihr in mir Frieden habt."*

Von der Sprachverwirrung

Jesus spricht: "Schwöret nicht. Euer Ja sei ein Ja, euer Nein ein Nein; alles andere stammt vom Bösen." (Mt 5,37)   Juni 2015

Wenn Kinder Dummheiten machen und erwischt werden, dann müssen sie versprechen, so etwas nie wieder zu tun. War die Tat besonders schlimm, dann wird das Versprechen fast zu einem Schwur. Hoch und heilig muss man Eidesformeln stammeln, und bis in alle Ewigkeit soll das Wort der Reue wahrhaftig sein.

Von Älteren hat man einen kleinen Trick gelernt. Wenn man beim Sprechen gleichzeitig hinterm Rücken unbemerkt den Mittel und den Zeigefinger kreuzt, dann gilt dieses Wort nicht wirklich. Zwar ist der Eid jetzt eine Lüge, aber man selber ist kein Lügner, denn der liebe Gott sieht alles und weiß, dass der Schwur in der Not ja erzwungen ist.

Erwachsene kennen diesen Trick und schwören deshalb immer mit einer erhobenen Hand und die andere wird sichtbar auf einen wichtigen Gegenstand gelegt, auf ein Buch, auf ein Kreuz, auf eine Fahne. Im Schwur ist also die Unwahrheit schon angelegt und Jesus sagt deshalb, Schwören ist schlecht, das Ja soll ein Ja sein und das Nein ein Nein.

Im Zeitalter der Kommunikation, wenn alles aufgeschrieben, abgedruckt, fotografiert und gefilmt wird, ist der Betrug beim Eid leicht nachweisbar und deshalb nicht sehr beliebt. Das Internet vergisst nie, sagen manche, und mit einem kleinen Knopfdruck auf die Computertaste kommt aller Schwindel schnell ans Licht. Deshalb muss man sich bessere Kniffe einfallen lassen, um andere übers Ohr zu hauen.

Gebildete Lügner verdrehen darum die Wörter gern. Ja soll plötzlich Nein heißen und Nein soll Ja sein – alles wird zum Jein. Das merkt natürlich der Dümmste und so benutzen manche für ihre Täuschungen einfach Fremdwörter, am besten lateinische oder englische Begriffe.

Aus schlechtem Wetter wird ein Global Warming, Märchenerzähler werden zu Qualitätsjournalisten, Bettler und Landstreicher wandeln sich zu Migranten und Refugees, und von dem Neusprech bei der Gleichstellung der Geschlechter, dem sogenannten Gender-Mainstreaming ganz zu schweigen.

Als Christen sollten wir aber anders miteinander reden. Eine Sprachverwirrung des Guten und Bösen ist gefährlich. An die Stelle von Verheimlichung und Heuchelei sollten wir auf Ehrlichkeit und Wahrhaftigkeit setzen, eben auf eine klare Sprache mit Ja und Nein. An der Sprache können wir die Menschen erkennen. Jesu Jünger waren sich dieser Sache bewußt: *"Du bist sicher auch einer von denen. Deine Sprache verrät dich! warnten die Leute Petrus, als er leugnete und schwur, ... und sogleich krähte der Hahn."* (Mt 26,73-74)

Von der Freiheit eines Christen

"Soll ich etwa den Mantel nach dem Wind hängen,
soll ich lügen, dass sich die Balken biegen?"
(Micha 2,11) Juli 2013

Vor politischen Wahlen wird ein biblisches Wort aus dem Alten Testament gerne zitiert, das da lautet: *"Sie lügen, dass sich die Balken biegen."* Mehr als die Hälfte unserer Gemeindemitglieder zieht daraus die Konsequenz, nicht mehr zur Wahl zu gehen. Und die anderen fragen sich, was man wählen soll, wenn man Worten nicht trauen kann.

Aus meinen langjährigen Forschungsarbeiten zur Geschichte unserer Kirche, kann ich da einen guten Tipp geben. Es hat sich gezeigt, dass sich Themen, die gesellschaftspolitische Bedeutung haben, schlussendlich und immer zu allerletzt in der Kirche durchgesetzt haben. Wenn also Konvente, Synoden und Kirchenleitungen eine bestimmte Sache diskutieren und als wichtig erachten, dann ist diese Angelegenheit und Meinung bereits ein alter Hut und wird in den nächsten Jahren keine oder eine negative Bedeutung haben.

In den dreißiger Jahren des vorigen Jahrhunderts z.B. waren die Deutschen Christen mächtig im Aufwind. Unsere Kirche pflegte einen braunen Sozialismus vom Feinsten. Wer als Ältester im Gemeindekirchenrat etwas gelten wollte, musste arisch und ein Nationalsozialist sein. Wenige Jahre später war das Dritte Reich kein Himmelreich mehr und man wandte sich beschämt anderen Themen zu.

Von den "68zigern" bis zu den siebziger Jahren war der rote Sozialismus ein beliebter und moderner Standpunkt in Ost und West. Die proletarische Weltrevolution wurde als paradiesisches Ziel erkannt und viele waren in der Kirche fortschrittlich und beteten jeden kommunistischen Quatsch nach. Als dann der real existierende Sozialismus wie ein Wolkenkuckucksheim zusammenbrach, wandte man sich wieder beschämt anderen Themen zu.

Um die Jahrtausendwende kam der grüne Sozialismus in die Diskutierstuben mancher frommer Kirchenlenker an. Klimakatastrophe, Multikulti, Kampf gegen Rechts und Menschenfeindlichkeit finden sich in Gesetzen und Beschlüssen wieder. Was die Braunen und die Roten nicht geschafft haben, soll nun gelingen. Die Demagogie der political correctness und der demokratische Zentralismus vernichten jetzt die letzten Reste einer ehemals protestantischen Kirche.

Das heißt aber nun aus meiner Erfahrung: Sind diese Themen heute auf der kirchlichen Tagesordnung angekommen, dann sind sie nicht mehr aktuell und zukunftsweisend. Ob der Sozialismus braun, rot oder grün daherkommt, ist vielleicht schon alter Kaffee. Wer weiß?

Für eine Wahlempfehlung, die nach vorne schaut, stehen jetzt also andere politische Ziele an.

Aus der Konsequenz des eingangs Behaupteten heißt das: Liberale und nationale Werte kann ich empfehlen, und den technischen Fortschritt des Kapitalismus sollten wir sowieso unterstützen, denn diese Werte sind absolute Tabuthemen in unserer Kirche.

Eine Sachbegründung kann ich mir sparen, die Erfahrung ist ein guter Lehrmeister. Das Brechen von Tabus weist immer in die Zukunft. Es ist eben das Gute an der Kirche, dass sie Ketzer hervorbringt. Das ist die Freiheit, die wir haben. Die neuen Pharisäer, die sogenannten Gutmenschen sehen das allerdings anders und so fragen sie in ihrem Hochmut frech: *"Sind w i r denn blind?"* Nein, meint Jesus, Ihr seid nicht blind, ihr seid schuld. (Joh 9,41)

Und Wesentliches können wir auch schmunzelnd dem lieben Gott selber überlassen. Dazu ein Witz: Zwei Pfarrer treffen sich und beklagen die vielen Sterbefälle in der letzten Zeit. Sagt der eine: *"Es war viel zu tun. Ich hatte zwei Sargbestattungen, drei Urnen und eine Kompostierung."* - *"Was?"* fragte der andere verdutzt. *"Eine Kompostierung?!"* -*"Na Ja"* war die Antwort, *"die Grünen müssen auch mal sterben."*

Vom Gleichheitswahn

"Hier ist nicht Jude noch Grieche, hier ist nicht Sklave noch Freier, hier ist nicht Mann noch Frau; denn ihr seid allesamt einer in Christus Jesus."
(Galater 3,28) Mai 2014

Liebe Lesergemeinde, diese Worte des Apostel Paulus werden häufig verwendet, um zum heutigen Gleichheitswahn das passende biblische Geräusch zu machen. Das geht dann nach dem Motto: Alle Menschen sind gleich - das steht schon so in der Bibel.

Paulus meint aber etwas anderes. Er will die natürliche Ungleichheit nicht aufheben. Sondern wer an Gott, wer an Christus glaubt, für den gibt es wichtigere Dinge in der Welt, als bei den Menschen die Unterschiede zu erklären.

Mann und Frau, arm und reich, frei und unfrei, schön und hässlich - das ist alles zweitrangig, denn die Gesetze und Eigenarten der Menschen bestimmen nicht das Leben in Christus.

In Christus leben, meint der Apostel, ist wie in einem neuen Gewand eingehüllt sein. Und nichts kann über mich Macht ausüben. Durch die

Taufe bin ich frei geworden. Ich werde deshalb auch die Freiheit der anderen anerkennen und achten. Nur vor Gott sind alle gleich - aber nicht vor den Menschen. Da gelten die alten ethischen Spielregeln:

Gleiches wird gleich behandelt und Ungleiches muss ungleich behandelt werden. Wird aber Ungleiches gleich behandelt, dann entsteht Ungerechtigkeit.

Es ist ein Irrtum anzunehmen, dass die Welt besser würde, wenn es nur noch arme, nur noch faule und hässliche Menschen gäbe, nur noch weibliche Führungskräfte und wenn am besten alle Menschen schwul und lesbisch wären.

"Damit es gerecht zugeht, erhalten sie alle die gleiche Prüfungsaufgabe: Klettern sie auf diesen Baum!"

Dem Gleichheitswahn in unserer Zeit setzt die Bibel den Glauben, die Hoffnung und die Liebe entgegen. In diesem Geist sind wir ein Leib in Christus, sind wir ein Körper. Und ein Körper besteht nicht aus einem einzigen Teil, sondern aus vielen Teilen und die sind sehr unterschiedlich und werden auch immer so unterschiedlich bleiben.

(Die Deutungshoheit über den Begriff der Gleichheit ist ein wesentlicher Bestandteil des heutigen Kulturmarxismus. Die Ausführungen des Apostel Paulus in der betrachteten Bibelstelle geben dazu eine gute Gegenargumentation. Dieser Predigtausschnitt wurde vorab in der Gemeindezeitung veröffentlich. Es gab darüber heftige und interessante Diskussionen, so dass dann die ganze Predigt nochmal im Internet veröffentlicht wurde.
http://www.seggeluchbecken.de/predigt/
predigt2014.html#gleichheitswahn)

Das Böse überwinden

Lass dich nicht vom Bösen überwinden, sondern
überwinde das Böse mit Gutem.
(Röm 12,21) Januar 2011

Dieser Spruch aus unserer Bibel ist einfach zu verstehen. Die Übertragung ins Leben ist aber schwer. Wir verhalten uns oftmals genau entgegengesetzt und das haben wir schon früh gelernt.

Zwei Kinder spielen im Sandkasten. Nach einiger Zeit fangen sie an zu streiten. Eine Ursache scheint es nicht zu geben, aber der Ton wird immer hässlicher. Dem jüngeren Kind gehen bald die Schimpfwörter zur Neige, dem älteren, weil sprachgewandter und erfahrener, fallen dagegen immer mehr ein.

Wut kommt hoch und das jüngere Kind fängt an mit Sand zu werfen. Die Kuchenformen fliegen bald hinterher und als es sich erhebt und mit dem Spaten bewaffnet zum Angriff übergeht, fängt das ältere Kind an zu weinen und rennt zu seiner Mutter. *"Na nun weine doch nicht."* tröstet sie. *"Du musst dich doch wehren, du kannst dir doch nicht alles gefallen lassen!"* Die Mutter des jüngeren Kindes, die ebenfalls auf der Bank sitzt, findet diese Ansicht gar nicht gut. *"So geht das aber nicht!"* braust sie auf und schnell geraten die Erwachsenen aneinander.

Eine typische Geschichte, die alle Probleme enthält, die das Leben so mit sich bringt. Ob im Kleinen oder Großen, im zwischenmenschlichen Bereich oder auf der hohen politischen Ebene - man kann scheinbar nicht in Frieden leben, wenn der sogenannte böse Nachbar es nicht will. Ethische Normen und moralische Regeln geraten in Vergessenheit, sobald Ohnmacht und Wut, Verblendung und Hetze Hand in Hand gehen. Die eine Hälfte der täglichen Nachrichten sind mit Krieg und Terror und die andere mit gegenseitigen Schuldzuweisungen von Politikern gefüllt. Die Aktualität des Spruches zeigt sich nur zu deutlich.

Wie geht es aber nun? Einfach biblische Sprüche zitieren? Ja und nein - könnte man sagen. Manchmal heizen sie den Konflikt an. *"Auge um Auge und Zahn um Zahn"* (2. Mos 21,24) Diese alte Vergeltungsstrategie war als Spielregel für Stammesfürsten im Wüstensand hilfreich, für Kaiserreiche, Staaten und Nationen ist sie meistens untauglich. Diese bittere Erfahrung haben wir in vielen Kriegen der letzten Jahrhunderte machen können.

Andererseits sind biblische Sprüche auch ständige Mahnung, das Handeln und Tun der Menschen in Frage zu stellen. Und so machen sie schon einen Sinn, können sogar ein Segen sein.

"Überwinde das Böse mit Gutem", sagt der Apostel Paulus, das gelingt selten, aber gesegnet sind die, denen es gelingt und sie werden für andere ein Segen sein.

Es gibt nicht nur eine Spirale der Gewalt, sondern auch eine Spirale der guten Taten. Die Bibel will uns daran erinnern.

Vom Bischofsamt

"Jesus Christus ist der Herr."
(Phil 2,11 ; Joh 8,7) März 2010

Der Rücktritt von Bischöfin Käßmann hat viele Menschen politisch und emotional bewegt. Fragen wurden gestellt – oft mit Bedauern, aber oft auch mit verschmitzter Häme: *"Na Herr Pfarrer, was halten sie denn davon, was ihre Chefin so macht?"*

Was soll man darauf antworten? Ich selber kenne Frau Käßmann nicht und ich kenne auch niemanden, der sie persönlich gut kennt. Somit ist sie für mich eine Figur in der Medienwelt, die mit meiner kirchlichen Wirklichkeit nichts zu tun hat.

Eine Antwort zur Person wäre abstrakt und immer fragwürdig. Lange Zeit wird das Image der betrunkenen Bischöfin an ihr hängen. Wer den Schaden hat, braucht für den Spott nicht zu sorgen. Wer ohne Schuld ist, werfe den ersten Stein.

Interessant waren für mich die Reaktionen auf ihre Tat. Es gab eine Welle von Sympathiebezeugungen. Vorauseilend wurde sie entschuldigt. Der Rat der Evangelischen Kirche in Deutschland hat ihr bedingungslos sein Vertrauen ausgesprochen und die Bitten, dass sie nicht zurücktreten möge, überhäuften sich.

Sie ist/war eine Frau, die mit ihrer menschlichen und sympathischen Art viel Zuneigung erwarb. Als Ikone des Protestantismus wurde sie gar verehrt. Andere dagegen frohlockten im Internet kurz und bündig: *"Der liebe Gott hat der Sozi-Tante endlich die rote Ampel gezeigt!"*

Dass Meinungen zu einer Person so hart auseinandergehen ist nicht neu. In unserer Mediengesellschaft wurde Bischöfin Käßmann zu einer öffentlichen und zu einer politischen Institution mit Vorbildwirkung aufgeputscht. Aber die Autorität des Amtes leidet, wenn die Person Fehler macht. Und Menschen machen immer Fehler.

Auch aus diesem Grunde hatte man in der Reformationszeit das Bischofsamt abgeschafft. Mehrere Jahrhunderte sind wir in unserer Region ohne Bischof gut gefahren. Geleitet wurde die Kirche von mehreren Ältesten und Pfarrern.

Erst die Nationalsozialisten haben das Führerprinzip in die Evangelische Kirche zurückgeholt. Christen sollen gleichgeschaltet werden, um sie später besser ausschalten zu können. Die Rechnung ging nicht auf, aber das Bischofsamt war wieder da und ist geblieben.

Jetzt haben wir eine Menge moralischer Führungspersönlichkeiten, die scheinbar genau wissen, wo es lang geht und die ein Projekt nach dem anderen durchs Dorf jagen. Aber wir haben niemanden mehr, der in unserer Kirche die Toiletten sauber macht. Das ist das Problem.

Das Bischofsamt gehört darum abgeschafft. Eine protestantische Kirche braucht keinen Führer und keinen Chef auf Erden - auch nicht, wenn er/sie weiblich ist. Allein Jesus Christus ist der Herr.

Praktizierende Konsumenten

"Die auf den Herrn harren, kriegen neue Kraft, dass sie auffahren mit Flügeln wie Adler, dass sie laufen und nicht matt werden, dass sie wandeln und nicht müde werden. " (Jesaja 40,31)
Dezember 2007

Stellen sie sich einmal vor, jemand kommt mit seinem Kamel aus der Wüste nach Berlin und will mit diesem Kamel U-Bahn fahren - dann wird er Probleme bekommen. Solch ein Ansinnen gehört verboten und bestraft - würden viele sagen. Das hat nichts mit religiösen Vorbehalten oder Ausländerfeindlichkeit zu tun. Ein Kamel gehört nun mal nicht in die U-Bahn.

Schwieriger wird es, wenn Muslime eine Kirche kaufen und sie in eine Moschee umwandeln wollen – wie jüngst hier in Berlin geschehen. Hier entstehen bei den Beteiligten Ängste, die wir nicht mit toleranter Gleichgültigkeit ignorieren können.

Am meisten erschüttert sind komischerweise Christen, die nie oder selten eine Kirche von innen gesehen haben. Und unruhig werden auch die Menschen, für die Gottesglaube sowieso fauler

Zauber in einer aufgeklärten Umwelt ist. Sie fühlen sich vom religiösen Fundamentalismus in unserem Lande bedroht. Der wachsende Islam lässt die Alarmglocken klingen, gerade bei Atheisten.

Offensichtlich kommt die konsumorientierte Spaßgesellschaft jetzt an ihre Grenzen. Wer seine eigenen Glaubensgrundlagen vergisst und Sonntags lieber ein ganz "geiler Geiziger" ist, um das mal so zu sagen, der muss sich nicht wundern, wenn Kirchen vor Langeweile gähnend leer sind. *"Da wird einem ja nichts geboten! Nicht mal Abendmahl gibt es im Sonderangebot."*

Richtig - Gottesdienst ist oftmals eine schwere Kost, mit Tradition überladen, für Otto Normalverbraucher kaum verständlich. Aber Gottesdienst kann man auch nicht mit einem Event im Kaufhaus vergleichen. Kaufhaus ist Kaufhaus und Kirche ist Kirche.

"Stell dir mal vor, es gibt eine Neueröffnung im Einkaufcenter und niemand geht hin." Trösten sie sich, das wird kaum passieren.

"Stell dir mal vor es ist Kirche und niemand geht hin?" Das können wir uns gut vorstellen und deshalb wird aus einer Kirche auch schnell eine Moschee.

Wir haben ungewollt alle mit den Füßen abgestimmt und jetzt merken wir das - und das tut weh. Wir sind meist praktizierende Konsumenten und nur wenige sind praktizierende Christen. Es liegt an uns, ob wir das ändern wollen.

Deutsche Tugend

Jeder achte nicht nur auf das eigene Wohl, sondern auch auf das der anderen. (Phil. 2,4) Juni 2001

Eine ältere Dame steigt in den überfüllten Nachmittagsbus ein. Die Schülerin, die vorne sitzt erhebt sich und bietet ihr ihren Platz an. Erleichtert setzt sich die Frau. Das Mädchen beugt sich noch einmal herunter und fragt: *"Wie bitte?"* – *"Ich hab nichts gesagt."* antwortet die alte Dame. Darauf das Mädchen: *"Ach, entschuldigen sie. Mir war so, als ob sie Danke gesagt hätten."*

Mit dieser kleinen Geschichte sind wir mitten drin in der Wertediskussion dieser Tage. Es hat den Anschein, dass vor jeder Bundestagswahl populistische Tugenden und Fehler ins Bewusstsein gerückt werden, um daraus politischen Profit zu schlagen. Vor einigen Jahren waren es die faulen Lehrer, welche die Jugend verkommen ließen und heute sind es faule Arbeitslose, an denen die Gesellschaft krankt. Wie wichtig sind da doch mahnende Worte - meint so mancher.

Und die Kirchen? Müssten die nicht als Gralshüter für deutschen Fleiß und sittlicher Strenge den Politikern und den ohnmächtigen Eltern zu Hilfe eilen? Die Versuchung ist sicher groß, aber es gibt ein kleines Problem. Fleiß und Ordnung mögen zwar gute deutsche Tugenden sein, sie sind aber deshalb noch lange keine christlichen Werte.

Im Unterbewusstsein wissen wir das auch. So stellt niemand die Frage, ob Jesus denn den notwendigen Fleiß bei seinen Krankenheilung walten ließ, oder ob er pünktlich zum Berg kam, um zu predigen und dabei auch seine Sandalen ordentlich geputzt hatte. Solche Werte sind für den christliche Glauben letztendlich irrelevant.

Wichtig scheinen mir aber die Werte aus der kleinen Busgeschichte zu sein, nämlich Rücksichtnahme und Dankbarkeit. Sie haben schon eher etwas mit Christlichkeit zu tun. Auf diese Werte hinzuweisen bringt mehr, als anderen Menschen ihre vermeintlichen Fehler vorzuhalten und ständig an der Jugend herumzumäkeln. Junge Menschen machen das nach, was ihnen Ältere vorleben. Und *"Wer ohne Schuld ist, werfe dann den ersten Stein."* Wer hat diesen Satz wohl gesagt?

Weisheit und Erkenntnis

In Christus liegen verborgen alle Schätze der
Weisheit und der Erkenntnis. (Kolosser 2,3)
Januar 2001

Die im Jahresspruch von 2001 verwendeten Worte Weisheit und Erkenntnis sind gute Worte, sie sind wie Gold und Edelstein.

Niemand möchte darum von anderen als unreif oder dumm bezeichnet werden. Weisheit und Erkenntnis fallen uns aber nicht von alleine zu. Sie sind eben Schätze, die scheinbar erst gehoben werden wollen. Aber können wir erfolgreiche Schatzsucher sein, indem wir mühselig und fleißig Wissen ansammeln und dann sagen: *"Ich bin nun weise."*?

Im Alten Testament fragt schon Hiob: *"Wo ist ihr Ort? Wo kommt die Weisheit her? Und wer kann sagen, wo die Einsicht wohnt?"* (Hiob 28,20ff) Und nach langem Grübeln und schweren Schicksalsschlägen in seinem Leben, sagt er dann: *"Nur Gott, sonst niemand, kennt den Weg zu ihr. Er ganz allein weiß, wo die Weisheit wohnt."*

Diese Überlegung ist umstritten. Gerade in einer Zeit, in der mit Mikroskop und Fernrohr, mit wissenschaftlichen Theorien und Computerprogrammen, nach den Edelsteinen der Weisen gesucht wird, entrüstet sich mancher: *"Ich lass mir beim Schatzsuchen doch nicht die Landkarte stehlen und die Schippe aus der Hand nehmen. Selbst ist der emanzipierte Mann und die emanzipierte Frau – emanzipiert von Gott!"*

Diese Befreiung und Unabhängigkeit ist aber oft Hochmut und der wissenschaftliche Kollaps folgt auf dem Fuß. Moderne Beispiele kennt jeder. Die Alten hatten ihren Turmbau zu Babel und es folgte der Schluss: *"Den HERRN ernst nehmen ist der Anfang aller Erkenntnis. Wer ihn missachtet, verachtet auch Weisheit und Lebensklugheit."*

Wir plagen uns im alltäglichen Leben nun nicht mit Erkenntnistheorien herum, aber wir wollen doch wissen, was für unser persönliches Leben wichtig ist, wie es gut wird, wie es sinnvoll bleiben kann. Eine Antwort liegt im Jahresspruch. Lebensklugheit liegt bei Jesus Christus – in seiner Menschlichkeit – in seiner Größe.

Es macht natürlich Mühe, diesen oft verborgenen Schatz zu heben und dann auch noch auf sein eigenes Leben anzuwenden. Aber wenn es gelingt, dann können wir mit einfachen biblischen Worten sagen: Den HERRN stets ernst zu nehmen, das ist Weisheit. Und alles Unrecht meiden, das ist Einsicht.

Gottes Wort

Jesus Christus spricht: Himmel und Erde werden vergehen; meine Worte werden aber nicht vergehen. (Mk 13,31 Januar 2004)

Zwischen Himmel und Erde gibt es viele gesprochene und geschriebene Worte. Allerdings sind sie manchmal schon vergangen und überholt, bevor die Druckerschwärze getrocknet ist und der Wetterbericht die Nachrichten beendet hat. Der eine sagt dies und der andere das.

Manche Menschen, die politische Verantwortung tragen, schaffen es sogar an einem Tag gleich mehrere Meinungen zu haben. Die Reformen vom Vormittag sind dann bereits abends neu reformiert und es kommt beim interessierten Zuhörer schnell Verdruss auf. Aber mit den eigenen Worten, die wir im Laufe des Jahres oder der Jahrzehnte gesprochen haben, ist es nicht anders. Da müssen wir ehrlich sein. Wenn wir sie aufgeschrieben hätten, all unsere kleinen und großen Vorsätze, die nicht eingelösten Zusagen und Versprechen, die Behauptungen und Vermutungen, die Zweifel und

Ängste, die Fragen und Bitten - wenn wir sie aufgeschrieben hätten, würden wir merken, wie leer und vergänglich sie doch oftmals waren und sind.

Nicht umsonst spricht man heute von einer Inflation der Worte - im privaten, aber auch im öffentlichen Bereich bis hin zur Politik. Dagegen sagt Jesus: *"Meine Worte werden aber nicht vergehen"*

Dass Worte schnell vergessen sind, hat er somit als Problem erkannt. Und ob seine Worte ewig bleiben, ist in erster Linie eine Glaubensfrage. Aber dass sie schon 2000 Jahre Bestand haben und immer noch aktuell sind, ist eine Tatsache, die uns zuversichtlich stimmen sollte.

Es gibt also doch Worte, die länger halten als der Schnee von gestern. Wir sollten sie darum als kleinen Schatz hüten und weitersagen. Gerade in einer Zeit, wo wir nach festen und beständigen Wahrheiten suchen, können solche Worte eine große Hilfe sein.

"Ich gebe dir mein Wort." sagen wir zu anderen, wenn wir unseren Aussagen Nachdruck verleihen wollen. Gott hat uns auch sein Wort gegeben. Wir sollten ihn ernst nehmen, denn alles andere kommt und geht und ist unbeständig, wie das Wetter nach den letzten Nachrichten.

Von der Habgier

"Gebt acht! Hütet euch vor jeder Art von Habgier! Denn der Mensch lebt nicht aus seinem Besitz, auch wenn der noch so groß ist." (Lk 12,15)
Oktober 2008

Wer in den letzten Tagen und Wochen die Finanzkrise in Amerika verfolgt hat, der findet im Gleichnis vom Kornbauern ein exzellentes Beispiel für die Gefahren des Reichtums. Nun kommt das Argument: *"Was geht mich das an? Ich bin ja nicht reich und Amerika liegt weit weg."*

Ja, das ist ja schön und gut, aber insgeheim oder auch manchmal ganz offen, da fänden wir es schon sehr nett, wenn wir ein klein bisschen mehr Geld hätten. Geld stinkt doch nicht und man muss ja nicht gleich übermütig werden.

Und dieser kleine Wunsch, der Seufzer, das leuchten in den Augen, *"Ach wenn ich mal Millionär wäre, ja dann, dann würde ich so und so, dann wäre dies und jenes, ach wäre das schön – ein Traum!"*

In den USA spielen sich dramatische Ereignisse ab. So richtig haben das die wenigsten bemerkt. Da zerplatzen die realen Träume, Existenzen werden vernichtet, Lebens-Entwürfe gehen den Bach runter. Riesige Geldmengen lösen sich in Luft auf.

Unsere Welt, jedenfalls die Geld-Welt, die wird nicht mehr so sein, wie sie früher einmal war und das wird auch ganz konkrete Auswirkungen für uns haben – für den kleinen Mann eben hier, für die kleine Frau eben dort. Ich will das gar nicht weiter ausmalen.

Die Schuldigen werden gesucht. Es sind immer die anderen, die gierigen Reichen, die Fabrikbesitzer, die Bankmanager mit ihren riesigen Gehältern, die Spekulanten und die Politbürokraten. Sie stecken alle unter einer Decke - die da oben - und der arme Steuerzahler muss wieder mal bluten.

Das ist natürlich eine sehr kindliche Weltsicht, aber sie ist einfach und einleuchtend, damit lassen sich Wählerstimmen gewinnen, damit kann man Menschen gegeneinander aufhetzen. Neid und Missgunst bestimmen unser Handeln und wir meinen noch, wir seien die Gerechten.

So entsteht Sozialismus, so sind die Nazis nach der letzten Weltwirtschaftskrise an die Macht gekommen, so hat Stalin dann seine Arbeitslager gebaut.

Junge Menschen wissen davon kaum etwas und deshalb ist der Sozialismus – egal ob nach rechts oder nach links - auch so interessant für junge Menschen. Die da oben, die Reichen, sind die Bösen und wir hier, die jeden Euro dreimal umdrehen, wir sind die Guten. Ganz einfach.

Aber zurück zum Bibeltext. Der ist nicht so einfach. Jesus sagt: *"Gebt acht! Hütet euch vor jeder Art von Habgier!"* Und diese Jacke müssen wir uns jetzt anziehen. Die ist für uns bestimmt. Die Jacke für den kleinen Mann. Denn wir sind im innersten unserer Seele nicht anders, als die da oben, wir sind nicht die besseren Menschen.

Es ist immer der kleine Wunsch, das bisschen-mehr-haben wollen, als die anderen, diese sogenannten Privilegien: *"Ach wie schön wäre es, wenn ich mehr Taschengeld hätte, als mein Mitschüler. Ach wie schön wäre es, wenn ich doch endlich ein neues Handy hätte, eine größere Wohnung, ein besseres Auto, warum wird denn das Arbeitslosengeld nicht erhöht, warum ist die Rente nur so niedrig? Warum ist alles nur so teuer?"*

Und dann dieser kleine Wunsch, der Seufzer, das leuchten in den Augen, *"Ach wenn ich mal Millionär wäre, ja dann, dann würde ich so und so, dann wäre dies und jenes, ach wäre das schön – ein Traum!"*

Reichtum kann gefährlich sein, dass wissen wir. Die Schlussfolgerung kann aber nun nicht sein, dass Armut etwas Gutes ist. Armut ist genauso gefährlich, egal ob man nun durch tragische Umstände arm ist oder ob man bewußt einen Armutskult pflegt.

Und so liegt die Weisheit mal wieder in der goldenen Mitte und ein Gebet aus dem Alten Testament geht folgendermaßen:

Zweierlei bitte ich von dir, Gott, das wollest du mir nicht in meinem Leben verweigern:
- Falschheit und Lüge lass ferne von mir sein;
- lass mich nicht Arm und lass mich nicht Reich sein;
lass mich aber mein Teil Speise dahinnehmen, das du mir beschieden hast. Ich könnte sonst, wenn ich zu satt würde, dich verleugnen und sagen: Wer ist denn Gott? Oder wenn ich zu arm würde, dann könnte ich stehlen und dich verfluchen. (Spr. 30,7)

Darum lieber Gott: lass mich nicht arm und lass mich nicht reich sein.

Tradition und Veränderung

"Zieht den Herrn Jesus Christus an."
(Röm 13,14) Juni 2008

Manche Leute wechseln ihre Meinung, wie andere ihre schmutzige Wäsche und manche Menschen ändern ihre Gesinnung, wie andere ihre Kleidung der jeweiligen Mode anpassen. - So ausgedrückt klingt das schlecht.

Besser hört es sich so an: Nur wer sich ändert, kommt im Leben weiter und kann den Zeitgeist verstehen. Wir wollen flexibel sein und uns dynamisch anpassen können, an andere Lebensumstände, Arbeitsstellen und Währungen, an andere Menschen, Meinungen und Glaubensinhalten.

In der Kirche gehen die Uhren oft anders. Hier hat das Wort Tradition einen hohen Stellenwert. Es soll bewahrt werden, was gut ist. Das Neue wird darum nachhaltig und lange geprüft, so dass zum Schluss nur noch Eingeweihte im "Neuen" etwas Neues entdecken können. So werden wir vor Fehlentscheidungen geschützt. So wird verhindert, dass der Schaden größer als der

Nutzen ist. Aber schnell entsteht auch der Vorwurf, dass ewig alte Kleider mit ewig neuen Flicken nur verschlimmbessert werden. Welche Jacke ziehen wir uns an? Sind wir Modernisten oder Traditionalisten?

Der Apostel Paulus stellte ähnliche Fragen. Neue und alte Kleidungen wurden verglichen. Er hatte sich meistens für das Neue entschieden, aber nun nicht, weil das Neue modern war, sondern weil das Neue anders war. Paulus wollte keiner Moderichtung folgen, sondern gab den Kleidungsstücken bezeichnende Namen. Sie dienten nicht als Schmuck, sondern sie waren für ihn in erster Linie Arbeitskleidung für eine neue Tätigkeit, Arbeitskleidung für einen neuen Menschen.

"Ihr seid von Gott erwählt, der euch liebt. Darum zieht nun wie eine neue Bekleidung alles an, was den neuen Menschen ausmacht: herzliches Erbarmen, Freundlichkeit, Bescheidenheit, Milde, Geduld. " (Kol 3,12) und wörtlich sagt er dann sogar: *"Zieht den Herrn Jesus Christus an."* (Röm 13,14) Er soll das Leben bestimmen.

Auch in den Umbrüchen unserer Kirche sollten wir diese Kleidungsstücke nicht nach dem

Wind hängen, oder sie gar dem Zeitgeist entsprechend zuschneiden und ständig wechseln. (Mi 2,11)

Freundlichkeit hat einen besonderen und bleibenden Wert, gerade wenn viele Menschen unfreundlich sind. Bescheidenheit ist wichtig, wenn andere durch Raffgier und Habsucht sich selbst und andere verzehren. Geduld war schon immer eine Tugend, nicht nur heute, wenn den Menschen die Zeit wegzurennen scheint. Und wer in einer Ellenbogengesellschaft nicht mehr weiß, was Milde und herzliches Erbarmen ist, sollte nicht als modern bezeichnet, sondern einfach als rücksichtsloser Mensch beschrieben werden.

Gegensätze nur schwarz weiß sehen, neu gegen alt ausspielen, Tradition mit Veränderungen bekämpfen - das bringt nicht viel. Es gibt menschliche Werte, die wie Kleidungstücke wirken, und die man zu allen Zeiten tragen kann, sowohl in den Zeiten der Beständigkeit als, auch in den Zeiten der Veränderungen. Herzlichkeit, Freundlichkeit, Bescheidenheit, Milde und Geduld gehören dazu.

Dass auf diese Werte hingewiesen wird, dass der Apostel Paulus auf diese Werte Bezug nimmt, erscheint mir wichtig zu sein. Wo ist das Feste, wo sind die sicheren Fixpunkte, an denen wir uns ausrichten können? Allzu oft verlieren wir sie aus dem Blickwinkel und werden dann unsicher; wissen nicht, wie wir uns verhalten sollen und wie wir mit bestimmten Ereignissen, also gerade mit Dingen, die Veränderung bewirken, wie wir mit diesen Ereignissen umgehen sollen.

So rät Paulus: *"Zieht den Herrn Jesus Christus an."* Er soll das Leben bestimmen.

Zeitenwechsel

"Für dich, Gott, sind tausend Jahre wie ein Tag."
(Ps 90,4) Januar 2000

Die Gelehrten streiten sich darüber, wann denn nun der richtige Jahrtausendwechsel ist. War es jetzt unser Neujahrstag, in diesem Jahr, oder beginnt das neue Jahrtausend eigentlich erst im Jahre 2001, weil ja das Jahr 2000 noch zum alten gehört. Oder ist Jesus wirklich im Jahre NULL geboren, waren es nicht doch ein paar Jahre früher oder später; und so weiter und so fort.

Ich denke, wenn alle feiern, dann sollte man einfach mitfeiern. Sogar die Länder, die aus ihrer Religion heraus eine andere Zeitrechnung haben, oder die gar nicht christlich sind, haben ja diesen Zeitenwechsel mitgemacht, haben das christliche Jahr 2000 akzeptiert. Wer wollte sich aus dieser großen Weltfeier auch ausnehmen wollen. Wenn man auf einer Schwelle steht, dann kann man zurück und nach vorne blicken, den alten Raum, die alte Zeit lässt man hinter sich und der neue Raum, die neue Zeit liegt vor einem.

Nun ist das mit dem Zeitgefühl so eine Sache. Tag und Nacht, Sommer und Winter haben wir verinnerlicht. Da sind wir ganz naturverbunden. Die Tage werden jetzt wieder länger. Die Sonnenstrahlen fangen an zu wärmen. Das fühlen wir, das wissen wir. Betrachten wir allerdings, zehn, hundert oder gar tausend Jahre, dann fehlt uns für diese Zeiträume das Gefühl und mit dem Wissen wird es auch immer weniger, umso länger der Zeitraum ist, den wir bedenken wollen.

In den Psalmen unserer Bibel, die vor 2500 Jahren geschrieben wurden heißt es: *"Für dich, Gott, sind tausend Jahre wie ein Tag, so wie gestern - im Nu vergangen, so kurz wie ein paar Nachtstunden."*

Zeit ist also relativ, was für den einen ein kleiner Moment ist, kann für den anderen eine Ewigkeit lang sein. Und tausend Jahre sind fast eine Ewigkeit und so werden dann in unserer Bibel tausend Jahre auch meistens als größter Zeitraum bezeichnet, den wir Menschen noch überblicken können. Nach tausend Jahre kommt dann gleich Gottes Ewigkeit.

"Tausend Jahre sind vor Gott, wie der Tag, der im Nu vergangen ist, so kurz wie ein paar Nachtstunden."

Das hat der Psalmist in unserer Bibel vor 2500 Jahren geschrieben. Ein noch längerer Zeitraum liegt dazwischen, aber die Bedeutung der Worte hat ihre Gültigkeit bewahrt.

Es sind immer die gleichen Fragen, die die Menschen bewegen. Wer sind wir, wo kommen wir her, wo gehen wir hin? Und das gilt für die Menschheit genauso, wie für jeden einzelnen von uns. Und diese Fragen werden immer dann gestellt, wenn wir auf einer Schwelle stehen und weitergehen wollen, die Menschheit ins nächste Jahrtausend, die Kirche ins nächste Jahrhundert oder wir persönlich, die wir ja nicht so lange Leben, wenn wir einfach fragen: *"Was wird wohl das nächste Jahr bringen?"*

Kommen die Antworten dann aber aus einem Glauben heraus, der an das Gute im Menschen denkt, aus der Hoffnung heraus, dass auch jeder von uns glücklich sein kann, werden diese Antworten von der Liebe getragen, die auch meine Mitmenschen leben lässt, dann wird auch die Zukunft offen sein und die Angst weniger werden, denn wir wissen: Mein Gott, vor dir sind tausend Jahre wie ein Tag, wie die Nacht die eben vergangen ist. Und wenn die Nacht am tiefsten ist, dann ist der Tag am nächsten.

Ein Gebet des Mose, des Mannes Gottes.
Herr, du bist unsre Zuflucht für und für. 2 Ehe denn die Berge wurden und die Erde und die Welt geschaffen wurden, bist du, Gott, von Ewigkeit zu Ewigkeit. 3 Der du die Menschen lässest sterben und sprichst: Kommt wieder, Menschenkinder! 4 Denn tausend Jahre sind vor dir wie der Tag, der gestern vergangen ist, und wie eine Nachtwache. 12 Lehre uns bedenken, dass wir sterben müssen, auf dass wir klug werden.
(Ps.90,1 ff)

Ratschläge für die Klimakirche

„Braucht der Schöpfer der Welt jemand,
der ihm Ratschläge gibt?"
(Jes 40,12-14 und 15-31) Predigt Februar 2011

Liebe Gemeinde, im Gemeindebrief steht als Thema für den heutigen Sonntag: "Ratschläge für die Klimakirche" drin. Als ich den Begriff Klimakirche das erste Mal gehört habe, war ich sehr verwundert. Klimakirche – was ist denn das?

Das war glaube ich vor gut einem Jahr. Da gab es einen Bericht im Fernsehen und einen Artikel im Tagesspiegel, wo berichtet wurde, dass manche Leute so hysterisch auf Probleme der Umwelt und des Klimas reagieren, dass das schon religiöse Züge annimmt.

Der Begriff tauchte dann immer öfter auf. Jetzt auch aus einer anderen Richtung. *"Die evangelische Kirche schafft sich selber ab"* warnten einige Stimmen. Mit ihrem Engagement für Naturschutz, Schöpfung, Klimawandel und Anti-Atomkraft, mit diesem Engagement erscheint sie wie eine Abteilung von Greenpeace - mit Glockengeläut.

Das ist ein harter Vorwurf. Ich muss dem aber voll und ganz zustimmen. Ohne die Themen Natur, Schöpfung, Ökologie oder Energie geht z.B. bei keiner kirchlichen Jugendveranstaltung nichts mehr. Und selbst in manchen Gemeinden scheinen Projekte für diese Themen die ganze Aufmerksamkeit und die ganze Kraft der Mitarbeiter zu vereinnahmen.

Die sogenannte Klimakirche speist sich aus zwei Richtungen, einmal aus den Leuten, die sich selber nicht mehr für religiös halten, aber die krampfhaft nach einer Ersatzreligion suchen, und zum anderen aus den Leuten, die sich noch christlich nennen, aber von Gott nichts mehr erwarten und die Dinge selber in die Hand nehmen wollen.

Diese Hybris, dieser Hochmut, der selbst die Schöpfung Gottes in Zweifel stellt, dieser Hochmut ist uralt.

Als die Israeliten in Babylon gefangen waren, da hatten sie alle Hoffnung in die Zukunft verloren, vor gut 2500 Jahren war das. Sie hatten einerseits ihren Glauben an Gott aufgegeben, waren heimatlos, depressiv und hatten Angst vor allem Möglichen in dieser fremden Welt. Aber andererseits stand da auch die Versuchung, mit den Göttern dieser Umwelt anzubändeln. Egal wer oder was diese Götter im alten Babylon nun waren.

Heute würden wir sagen: *"Wenn du deinen Glauben verloren hast, versuch es doch mal mit Esoterik und Ufologie, oder versuch es doch mal mit Menschenrechte und Tierschutz oder versuch es doch mal mit der Klimakirche."*

In der Klimakirche ist alles modern wissenschaftlich, da gibt es Fakten und Beweise, Zahlen und Formeln, Da sind alle Gutmenschen der Welt e i n e r wissenschaftlichen Meinung.

Und das Grundprinzip vieler Religionen haben sie perfekt verstanden, das da heißt: willst du viele Gläubige, dann musst du ihnen erst mal richtig Angst machen, so die Hölle richtig heiß machen und wenn dann Schlottern und Zähneknirschen ist, dann kommt der Retter der Welt und alle, die schön artig waren, die kommen in den Bio-Himmel.

Liebe Gemeinde, für die, die am letzten Sonntag da waren, noch mal zur Erinnerung. Wir hatten auch das Thema Angst angesprochen. Es ging um eine Wundergeschichte. Petrus hat ja an Jesus gezweifelt, als er über das Wasser gehen wollte.

Die Geschichte, in der Jesus über Wasser läuft, ist eine Geschichte gegen die Angst. Als Geschichte gegen die Angst will sie unseren Glauben stärken. Sie will unseren Glauben stärken, der uns dann durch die Stürme des eigenen Lebens trägt.

Das, was im persönlichen gilt, für die kleinen alltäglichen Dinge des Lebens, das gilt aber auch – bezüglich der Angst – für das große und weite Universum, für die Natur, für Gottes ganze Schöpfung.

Die Israeliten in Babylon hatten damals auch Angst und der Prophet Jesaja will ihnen auch Mut machen und ermahnt sie zu bedenken, dass ja Gott viel größer und mächtiger ist, als alle Dinge vor denen sie sich fürchten. Gott ist eben – wie man sagt – allmächtig und da sollen sie mal mit ihren Kleinglauben nicht so wehleidig rumheulen.

Und so schreibt er und das ist der Predigttext:
Jes 40,12 *„Wer kann mit der hohlen Hand das Wasser des Meeres abmessen, oder mit der Spanne seiner Hand den Umfang des Himmels bestimmen? Wer kann den Boden, der die Erde bedeckt, in Eimer abfüllen oder die Berge und Hügel auf der Waage abwiegen?*
13 Und wer kann die Gedanken des HERRN abmessen? Wer wird von ihm in seine Pläne eingeweiht?

14 Braucht der Schöpfer der Welt jemand, der ihm Ratschläge gibt und ihm auf die Sprünge hilft, der ihn über Recht und Gerechtigkeit belehrt und ihm den richtigen Weg zeigt?
25 »Mit wem also wollt ihr mich vergleichen? Wer kann es mit mir aufnehmen?« fragt der heilige Gott.
26 Seht doch nur in die Höhe! Wer hat die Sterne da oben geschaffen? Er lässt sie alle aufmarschieren, das ganze unermessliche Heer. Jeden Stern ruft er einzeln mit Namen, und keiner bleibt fern, wenn ER, der Mächtige und Gewaltige, ruft. ....
Und letztendlich 29 Er gibt den Müden Kraft, und die Schwachen macht er stark.
30 Selbst junge Leute werden [schon mal] kraftlos, die Stärksten erlahmen.
31 Aber alle, die auf den HERRN vertrauen, bekommen immer wieder neue Kraft, es wachsen ihnen Flügel wie dem Adler. Sie gehen und werden nicht müde, sie laufen und brechen nicht zusammen."

Liebe Gemeinde, dieser Text aus dem Alten Testament kann ein weiser Ratschlag für alle Gläubigen einer modernen Klimakirche sein. Seid nicht so hochmütig, der Mensch kann die Schöpfung insgesamt weder zum positiven noch zum negativen verändern. Der Mensch ist eben nicht der Herr der Naturmächte.

Daran will natürlich keiner jetzt mehr glauben, besonders dann nicht, wenn hinter dem Klimaschwindel eine ganze Industrie steckt.

Ich kann mich noch gut an meine Schulzeit erinnern. Als ich in die 7. Klasse kam, da bekamen wir die naturwissenschaftlichen Fächer zum Lehrplan dazu. Chemie und Physik haben mir besonders Spaß gemacht. Und für den Klimawandel habe ich mich natürlich brennend interessiert.

Allerdings war das damals noch etwas anders, so Mitte der sechziger Jahre. Es gab nur e i n e wissenschaftliche und mit allen Beweismitteln gefestigte Meinung - und davon waren alle Menschen überzeugt - dass in spätestens 100 Jahren die nächste Eiszeit beginnt, dass die Öl und Energievorräte in 20 Jahren weltweit aufgebraucht sind und dass wir dann in die Steinzeit zurückfallen werden.

Als junger Mensch hat mir das Angst gemacht und alle Hoffnung lag einzig und allein im technischen Fortschritt. Nur Atomkraftwerke können uns retten und das war gut so.

Und alles schien diese Meinung zu bestätigen. Ende der sechziger Jahre waren die Winter furchtbar kalt. Die S-Bahn fuhr gar nicht mehr, meterhohe Schneeberge auf den Straßen. Die Eiszeit kam bedrohlich nahe. Und dann Anfang der siebziger Jahre die Öl-Krise, sonntags durfte kein Auto mehr fahren. Die Zivilisation bricht zusammen. Das Ende ist nahe!

Jungen Menschen, und ich glaube nicht nur jungen Menschen, kann so etwas gehörig Angst machen. Und das ist auch Sinn und Zweck der Sache, weil mit Angst-machen, viel Geld zu verdienen ist.

Liebe Gemeinde, wir Menschen sind vergesslich. An die damals kommende Eiszeit können wir uns plötzlich nicht mehr erinnern. Jetzt ist wieder alles ganz anders. Alles wieder ganz, ganz wissenschaftlich natürlich und mit tausenden von Zahlen belegt.

Der Wald stirbt unaufhaltsam, das Ozonloch wird größer und größer. Der Rinderwahn befällt die Menschen. In 100 Jahren sind die Polkappen abgeschmolzen, die Energievorräte reichen wieder mal nur noch 20 Jahre und allein die Windmühlen auf dem Berg und der allumfassende Umweltschutz können uns noch retten.

Wo das hinführt konnte ich letztens auf einem Bild von Greenpeace sehen. Ein Eisbär sitzt auf der Spitze einer kleinen Eischolle. Dieser Eisbär will uns zu verstehen geben: *"Ihr bösen, bösen Menschen, haltet ein - ich ersaufe!"*

Das ist natürlich eine handfeste Lüge. Meine Frau und ich, wir waren dieses Jahr in der Arktis, und haben uns in der nördlichsten Eskimosiedlung alles angeschaut. Es hat noch nie - seitdem die Eisbären gezählt werden - es hat noch nie so viele Eisbären gegeben wie heute. Sie sind schon seit Jahren zum Abschuss freigegeben. In manchen Gegenden sind sie eine Plage.

Aber wer religiös ist, der will das gar nicht wissen. Wir glauben lieber an das Eisbärenbaby, an den kleinen Knut im Berliner-Zoo. Helfen seiner Mama und retten mal wieder die Welt.

Der Umweltschutz wird immer absurder, die Klimakatastrophe wird gigantisch, die Lügen und die politischen Zwangsmaßnahmen immer unerträglicher. Und? – Und die Angst wird immer größer.

Liebe Gemeinde, um das abschließend zu sagen. Die Klimakirche ist damit eine Religion geworden. Sie verspricht Heil, eine heile Welt, wenn wir ihren Predigern folgen, wenn wir Buße tun, den Müll trennen und umkehren. Sie verspricht Heil, wenn wir die Mutter Erde anbeten und nicht mehr den Herrn im Himmel. Die Klimakirche ist Häresie!

Folgen sie nicht diesen wissenschaftlichen Wahrsagern des Aberglaubens und der Gotteslästerung, sondern vertrauen sie lieber auf den Propheten Jesaja. Der wusste schon vor 2500 Jahren:
„Niemand kann die Gedanken des HERRN abmessen? Denn wer wird von ihm schon in seine Pläne eingeweiht?"

Und letztendlich: Er gibt den Müden Kraft, und die Schwachen macht er stark. Und alle, die auf Gott vertrauen, bekommen immer wieder neue Kraft, es wachsen ihnen Flügel wie dem Adler. Sie gehen und werden nicht müde, sie laufen und brechen nicht zusammen.

Und das von Ewigkeit zu Ewigkeit oder man könnte auch heute sagen von Klimakatastrophe zu Klimakatastrophe   AMEN

Von Gutmenschen und Pharisäern

"Weh euch, Schriftgelehrte und Pharisäer…, die
ihr Land und Meer durchzieht…"
(Mt 23,15ff) Februar 2015

Liebe Lesergemeinde, wenn Politiker in Anbetracht von Pegida vor Wut im Gesicht rot und grün werden, wenn Journalisten mit ihren Worten Gift und Galle spucken, dann weiß Otto Normalbürger, dass den Parteien langsam die Wähler und den Zeitungen die Leser abhandenkommen. Die einen verlieren Macht und die anderen Geld.

Eine unselige Mischung, wenn sich dann beide zusammen tun, um die Menschen schulmeisterlich belehren zu wollen. Das Volk, der böse Lümmel, die komische Mischpoke, das Pack hat sich auf der Straße wieder mal zu Wort gemeldet. Es wird nun um die Deutungshoheit über Gut und Böse gerungen. Es geht um die Wahrheit.

Bei diesem Disput darf die Kirche nicht fehlen. Sie hat dabei einen großen Vorteil, da sie, jedenfalls in einer evangelischen Gemeinschaft, keiner Parteidisziplin unterliegt und jeder Christ sein eigener Priester sein darf. So kann es passieren, dass in Dresden der alte Superintendent beim fröhlichen Weihnachstliedersingen v o r der Kirche gesehen wird und i n der Kirche der amtierende Superintendent sich mit einem multikulti Friedensgebet abmüht.

Solche Konstellationen gab es schon öfters, zum Beispiel anfangs während der Wende, im Dritten Reich mit der bekennenden Kirche, in der Aufklärung bei den Pietisten oder besonders in der Zeit der so viel beschworenen Reformation. Ein mündiger Christ kann entscheiden, ob er drinnen oder draußen beten will. Das ist gut so. Durchgesetzt haben sich allerdings immer die, die zunächst vor der Kirche standen. Das sollte man wissen.

Kirchensteuerfürsten finden so etwas allerdings weniger gut. Im Chor der Weltversteher geben sie den moralischen Ton an und verlangen von anderen Christen ihnen gleich zu tun. Zeugnis sollen sie ablegen. In der Front der Anständigen müssen sich alle einreihen und das Hohe Lied der Liebe singen.

Zu Jesu Zeiten bezeichnete man Gutmenschen und politisch Korrekte auch als Schriftgelehrte und Pharisäer. Vor Obrigkeit und herrschenden Eliten wurde schon damals gewarnt und so sagt Jesus: *"Weh euch, Schriftgelehrte und Pharisäer, ihr Heuchler, die ihr Land und Meer durchzieht, ... ihr verblendeten Führer, die ihr Mücken aussiebt, aber Kamele verschluckt, ... ihr seid wie die übertünchten Gräber, die von außen hübsch aussehen, aber innen sind sie voller Totengebein und lauter Unrat. Von außen hält man euch für fromm, aber innen seid ihr voller Heuchelei und Auflehnung gegen das Gesetz"*

Diese klaren Worte fehlen heute oft. Aber solche Herrschaften erkennen wir trotzdem - auch über die Zeiten hinweg - immer wieder an ihren Worten und an ihren Taten, egal wie sie heißen mögen. Im Lande der Staatsgläubigen sind sie allerdings schwer zu ertragen und wem es nun zu bunt wird, der sollte Farbe bekennen, denn nur die Wahrheit macht frei.

Lebensweisheiten

"Was wir hörten und erfuhren, was uns die Väter erzählten, das wollen wir unseren Kindern nicht verbergen." (Psalm 78,3-4) Juli 2003

Diese Lebensweisheit aus dem Buch der Psalmen ist leicht verständlich. Erfahrungen werden von Generation zu Generation weitergegeben. Geschichten, die das Leben geschrieben hat, sind gute Ratgeber und werden gerne erzählt. Kindern und Jugendlichen möchten wir damit deutlich machen, wie das Leben so ist.

Nun geht es in dem Psalm aber nicht um normale Lebensweisheiten, sondern es soll GOTT gerühmt werden. Von seinen Wundern und von seiner Macht soll erzählt werden. So gesehen gestaltet sich die Absicht des Spruches doch schwieriger, als beim ersten Lesen angenommen.

Was haben uns eigentlich unsere Eltern von Gott erzählt? Und was erzählen wir unseren Kindern und Enkelkindern vom "Ruhm des Herrn"? Erleben wir nicht oftmals einen Abbruch von Traditionen und eine zunehmende Sprachlosigkeit, wenn es um Fragen des Glaubens geht?

Diese sogenannte Sprachlosigkeit in Glaubensdingen scheint aber nicht erst eine Erscheinung unserer Zeit zu sein, sondern der Psalmist bemerkte schon vor Tausenden von Jahren, dass die Menschen nicht an Wunder und Allmacht glauben wollen, dass sie die guten Überlieferungen der Väter missachten und erst wenn es ans Sterben geht fragen sie wieder nach Gott.

Diese Lebenseinstellung ist uns gut bekannt. Was nutzt uns jetzt aber das Jammern über den Zeitgeist, wenn es doch schon immer so war, wie es ist? Sollten wir nicht viel gelassener und besonnener mit Glaubensfragen umgehen, als manche es tun, die mit wilden Bibelsprüchen erst ihren Nachbarn und danach die ganze Welt retten wollen?

Also, was wollen wir erzählen und nicht vor unseren Kindern verbergen - auf jeden Fall die Weisheit der Alten, die da meinten (Prediger 1,9): Bleibt cool, regt euch nicht auf. Es gibt nichts Neues unter dieser Sonne!

Bibelstellen:

2.Mos 21,24 (29)
Hiob 28,20ff (39)
Ps 4,3 (7)
Ps 78,3-4 (68)
Ps 90,1-4, 12 (52) (55)
Spr 30,7 (47)
Pred/Koh 1,9 (69)
Jes 40,12ff (56)
Jes 40,31 (34)
Mi 2,11 (21) (50)
Sach 10,2 (9)

Mt 5,37 (18)
Mt 23,15ff (65)
Mt 26,73 (20)
Mk 9,50 (10)
Mk 13,31 (42)
Lk 12,15 (44)
Lk 20,25 (12)
Joh 8,7 (31)
Joh 9,41 (24)
Joh 16,33 (15)
Röm 12,21 (28)
Röm 13,14 (48)
Gal 3,28 (25)
Phil 2,4 (37)
Phil 2,11 (31)
Kol 2,3 (39)
Kol 3,12 (49)